Scrivere con Maestria

L'ARTE DI CREARE STORIE INDIMENTICABILI!

ANNA KATMORE

SCRIVERE CON MAESTRIA

L'arte di creare storie indimenticabili

Cover design: Anna Katmore

www.annakatmore.com

Indice dei contenuti

Caro scrittore

Le prefazioni vengono spesso saltate, ma se sei ancora qui, lascia che renda il tuo tempo ben speso.

Prima di tutto, congratulazioni! Scegliere una guida sulla scrittura—che sia la mia o di qualcun altro—dimostra il tuo impegno a migliorare il tuo mestiere. Scrivere richiede una scintilla di talento, sì, ma è anche un'abilità, o meglio, una professione, che va appresa e perfezionata. Esistono tecniche che i principianti spesso ignorano, ma che possono fare la differenza tra una storia che cattura e una che si dimentica facilmente. Per usare una metafora d'effetto: nessun chirurgo esegue un'appendicectomia il primo giorno. Studiano, si esercitano e praticano fino a raggiungere la padronanza e la sicurezza necessarie.

Molti di voi probabilmente sognano di ottenere subito un grande successo con la loro prima pubblicazione, creando un bestseller fin dal debutto. È assolutamente possibile! Lo so perché è successo a me. Ma ecco la verità: prima di quel traguardo, ho trascorso anni a scrivere, riscrivere e assorbire ogni risorsa possibile sull'arte della scrittura. Ho partecipato a innumerevoli workshop e scritto tre romanzi completi che non sono mai stati pubblicati. Quei primi progetti non sono stati fallimenti—sono stati lezioni. Ognuno di essi mi ha insegnato qualcosa di inestimabile sul narrare storie.

Alla fine, ho raggiunto un punto in cui il mio stile era abbastanza raffinato da risultare sia avvincente che commerciabile. Quando finalmente ho pubblicato il mio primo libro, sono stata ricompensata con una base di lettori in rapida crescita. Oggi scrivo romanzi fantasy e romantici per giovani adulti, tengo workshop e offro coaching personalizzato per aspiranti scrittori. Creare questa guida mi è sembrato il passo successivo più naturale.

Quindi, senza ulteriori indugi... cominciamo!

L'INIZIO PERFETTO

Una storia ben narrata non inizia sempre dall'inizio. Anzi, partire con una lunga introduzione è spesso un errore. Evita descrizioni prolisse del paesaggio o tentativi eccessivamente elaborati di creare l'atmosfera. Immergiti direttamente nell'azione. Più velocemente la tua storia prende il via, più facile sarà catturare l'attenzione del lettore.

Avanza subito nella narrazione fino al momento in cui si verifica il primo evento significativo. Chiudi gli occhi e immagina la scena: cosa sta accadendo, e qual è il punto di massima tensione? Quello è il tuo punto di partenza.

Non importa se il lettore non conosce ancora i personaggi o il luogo in cui si trovano. Questi dettagli emergeranno naturalmente man mano che la storia si sviluppa. Il tuo obiettivo principale è agganciare immediatamente il pubblico. Questo comincia con un primo paragrafo accattivante—o meglio ancora, con una frase d'apertura irresistibile.

Un dialogo vivace può fare miracoli. Se il tuo personaggio è solo, crea tensione attraverso i suoi pensieri interiori. Un'altra tecnica efficace è riassumere il tema centrale del tuo libro in una singola frase incisiva—una che suggerisca il viaggio che aspetta il lettore. Rendila intrigante, ma rimani fedele al tuo genere.

Se la scena iniziale è piena di azione, svela i dettagli poco a poco. Immergi il lettore nel momento, come se fosse stato spinto attraverso una porta, ritrovandosi improvvisamente nel bel mezzo della scena. Salta le formalità di descrivere il tempo o impostare il guardaroba. Proiettalo direttamente nell'azione: niente retroscena, niente spiegazioni, niente preamboli. Lascia che ogni frase costruisca suspense, trascinando il tuo pubblico sempre più in profondità negli eventi che si svolgono.

Un inizio avvincente non si limita a preparare il terreno: esige attenzione e promette al lettore qualcosa di indimenticabile.

SVILUPPO DEI PERSONAGGI

Un libro vive e respira attraverso i suoi personaggi. Più sono tridimensionali, più riusciranno a coinvolgere i lettori. L'obiettivo è farli balzare fuori dalla pagina, così che, alla fine della storia, i lettori li percepiscano come vecchi amici.

Infondi vita nei tuoi personaggi attraverso il movimento. Se rimangono statici o immobili, rischiano di sembrare figure bidimensionali, prive di vitalità. Piccoli gesti, cambiamenti impercettibili nelle espressioni facciali o movimenti spontanei li rendono più autentici. Questi dettagli fanno sentire il lettore come se fosse nella stessa stanza, a osservarli da vicino. Inoltre, azioni specifiche possono trasmettere emozioni senza bisogno di esplicitarle con le parole.

Ecco alcuni esempi di gesti quotidiani che puoi utilizzare:

- Grattarsi il naso
- Passarsi una mano tra i capelli
- Spostare il peso da un piede all'altro
- Scavare un piccolo solco nel terreno con la punta della scarpa
- Increspare o serrare le labbra
- Incrociare le braccia
- Sollevare un sopracciglio in segno di dubbio o curiosità
- Estrarre un pacchetto di gomme o mentine
- Fischiettare tra i denti
- Strofinarsi il naso con il dorso della mano
- Massaggiarsi le tempie in un gesto di tensione o stanchezza

- Gettare le mani in aria in segno di frustrazione
- Giocherellare con oggetti su un tavolo
- E molti altri ancora.

Per descrivere in modo più realistico le espressioni facciali, prova a metterti davanti a uno specchio. Ricrea le espressioni che il tuo personaggio potrebbe fare, osservane ogni dettaglio, e poi riportale sulla pagina nel modo più vivido possibile.

Esiste una regola d'oro per introdurre nuovi personaggi:

Quando inizi un libro, inserisci almeno sei dettagli personali sul protagonista entro le prime due pagine. Questi dettagli possono essere qualsiasi cosa—dal loro dentifricio preferito alla taglia di scarpe, fino al programma TV che non si perdono mai. Più dettagli includi, più l'immagine del personaggio diventerà nitida nella mente del lettore, favorendo empatia e connessione.

Lo stesso principio si applica a qualsiasi personaggio importante introdotto in seguito, ma non a figure marginali come portieri, postini o commessi. I personaggi principali devono prendere vita rapidamente, perché i lettori vogliono conoscerli a fondo in breve tempo.

Dettagli essenziali da definire includono età, colore dei capelli, corporatura e abbigliamento. È frustrante per i lettori immaginare un'eroina con capelli corti e neri per tre capitoli, solo per scoprire che in realtà ha una folta chioma rossa e riccia. Stabilisci subito queste basi, insieme all'ambientazione e al periodo dell'anno o della giornata.

Tuttavia, evita un elenco freddo di caratteristiche. Integra queste informazioni naturalmente nella narrazione. Quando descrivi l'aspetto fisico, aggiungi un contesto che mostri come questi dettagli influenzino il personaggio o interagiscano con il mondo circostante. In questo modo eviterai il temuto "info-dump" (una presentazione di informazioni pesante e poco elegante) e favorirai uno sviluppo organico e fluido.

Infine, crea una scheda per ogni personaggio, annotando caratteristiche chiave come colore dei capelli e degli occhi, altezza, età, preferenze e persino la storia familiare. Con un cast ampio, è facile dimenticare dettagli importanti, e doverli cercare continuamente nel manoscritto può diventare frustrante. Avere tutto a portata di mano ti aiuterà a mantenere coerenza e precisione.

PUNTO DI VISTA (PDV)

Il PDV, o punto di vista, è la prospettiva narrativa attraverso cui scegli di raccontare la tua storia.

Decidi quale prospettiva si adatta meglio al tuo racconto. Scriverai in prima persona, come se il narratore parlasse direttamente al lettore (io), o in terza persona, descrivendo gli eventi dal punto di vista di “lui” o “lei”?

Dal punto di vista del mercato, entrambe le prospettive sono ugualmente valide. Ci sarà sempre chi preferisce l’una o l’altra, quindi scegli quella con cui ti senti più a tuo agio. Detto questo, la prima persona sta diventando sempre più comune nei romanzi young adult e romantici. La sua intimità, simile a quella di un diario, trascina i lettori più a fondo nella storia, rendendo l'esperienza più immediata e personale.

Qualunque sia la tua scelta, una regola fondamentale si applica: resta all'interno del raggio sensoriale del narratore. Descrivi solo ciò che il tuo personaggio può percepire in quel momento.

Ad esempio, se il protagonista è girato di spalle a una porta e qualcuno entra, non può sapere chi sia senza un indizio visivo o uditivo.

Sbagliato: La porta si apre dietro di me, e Amy entra.
Corretto: Sento la porta aprirsi dietro di me, seguita da passi leggeri. Al suono di un familiare "ciao", riconosco la voce di Amy senza voltarmi.

Lo stesso principio vale per eventi fuori dal campo visivo del personaggio, come oggetti che cadono dietro di lui o macchine che passano fuori dalla sua vista. Attieniti a ciò che il personaggio può realisticamente vedere, sentire, annusare o percepire. Qualsiasi descrizione oltre questo confine rischia di sconfinare in un punto di vista onnisciente (Omni-PDV), in cui il narratore sa tutto. Sebbene l'Omni-PDV abbia la sua utilità, tende a creare distanza tra il lettore e il personaggio, riducendo spesso l'immersione.

Se la tua storia alterna più punti di vista, assicurati che ogni cambio sia chiaro. Inizia un nuovo capitolo per ogni PDV o usa un simbolo di interruzione, come *** all'interno di un capitolo.

Evita assolutamente il "salto di testa" (head-hopping). Questo errore—passare da una prospettiva all'altra all'interno della stessa scena senza preavviso—è confuso per il lettore e interrompe il flusso narrativo. Confini chiari tra i punti di vista mantengono la narrazione coesa e coinvolgente.

MOSTRA, NON DIRE!

Scrivere un buon libro non significa solo inventare una storia interessante, ma raccontarla in modo coinvolgente e vivido.

Il principio del **MOSTRA, non DIRE** è uno degli aspetti più importanti della scrittura, sebbene possa essere difficile da padroneggiare per i principianti. In sostanza, significa: mostra azioni e dettagli invece di riassumere o spiegare gli eventi.

DIRE è utile per riassunti rapidi o per trasmettere informazioni essenziali in modo conciso. Fornisce i fatti, ma non crea un'immagine mentale vivida. Il lettore sa cosa è successo, ma non "sente" la scena, non percepisce visivamente, acusticamente o emotivamente ciò che accade.

MOSTRARE, invece, permette all'autore di dipingere un quadro concreto nella mente del lettore. Se fatto bene, trasforma la storia in un "film mentale", coinvolgendo il lettore completamente. Questa è la vera essenza del narrare.

Per "mostrare" in modo efficace, affidati a verbi forti e specifici, evitando l'abuso di avverbi.

Invece di: Uscì arrabbiato.

Prova: Sbatté la porta e uscì a passi pesanti. / Spalancò la porta e si precipitò fuori con un ringhio soffocato.

Invece di: Disse con tono scocciato.

Prova: Borbottò con aria seccata. / Mormorò tra i denti, scuotendo la testa.

L'obiettivo è esprimere emozioni—fame, tristezza, gioia, amore, rabbia, ecc.—e stati d'animo attraverso espressioni facciali, gesti, azioni, pensieri e dialoghi, senza nominarle direttamente.

Ad esempio, invece di scrivere: Era nervoso.
Prova: Le sue dita tamburellavano sul tavolo, il piede sinistro muovendosi freneticamente sotto la sedia.

Invece di: Era felice.
Prova: Gli occhi gli brillavano mentre un sorriso si allargava lentamente sul volto.

Seguendo questo approccio, ogni scena prenderà vita sulla pagina, rendendo l'esperienza per il lettore più immersiva e memorabile.

Esempio 1

Dire: Mia sorella era malata quella mattina.

Mostrare: Quando entrai nella stanza di mia sorella quella mattina, un odore pungente di sciroppo per la tosse mi colpì come un pugno. Sul comodino, il bastoncino abbassalingua abbandonato dal medico giaceva accanto a una confezione spiegazzata di pastiglie per la febbre. Sarah era appoggiata ai cuscini, soffiandosi il naso in un fazzoletto prima di accartocciarlo e gettarlo nel cestino, ormai traboccante di carta usata. Il suo naso arrossato e gonfio spiccava sul viso pallido, e i suoi occhi lacrimosi sbattevano pesantemente, come se ogni movimento fosse uno sforzo.

Le punte dei calzini gialli di lana facevano capolino da sotto la coperta, un dettaglio che aggiungeva un tocco di vulnerabilità alla scena.

«Mamma ha detto di portarti un bicchiere d'acqua,» borbottai, tirandomi su il collo del maglione per coprirmi il naso e schermarmi dai germi.

Esempio 2

Dire: Dopo la lite con la sua ex, salì in macchina e partì furioso.

Mostrare: «Maledetta stronza!» sbottò, mentre lei si girava sui tacchi a spillo e se ne andava con il passo deciso di una modella in passerella. Lui rimase lì, immobile per un istante, prima di spalancare con rabbia la portiera della sua Toyota nera e gettarsi sul sedile del guidatore. Ogni movimento era carico di tensione. Ringhiò sottovoce, il viso contratto in una smorfia di frustrazione. Cosa diavolo gli era saltato in mente a tornare da lei? La conosceva ormai troppo bene e sapeva che avrebbe dovuto starne lontano.

«Dannazione!» sbraitò, sferrando un pugno contro il volante con tanta forza che la lancetta del tachimetro tremò dietro il vetro. Le mani gli tremavano mentre infilava la chiave nell'accensione, e il motore ruggì al primo giro. Gli pneumatici stridettero quando premette a fondo l'acceleratore, facendo sussultare l'auto mentre si lanciava in avanti, lasciandosi dietro una scia densa di gomma bruciata.

Non gli importava chi avesse sentito il rumore o chi lo avesse visto sfrecciare via come un pazzo, superando di tre volte il limite di velocità. La sua mente era un vortice di rabbia e confusione, e ogni metro percorso sembrava un vano tentativo di lasciarsi quella scena alle spalle.

Dialoghi

Il dialogo giusto è fondamentale per qualsiasi genere—che si tratti di horror, narrativa storica, commedia o romanzo rosa. Può aggiungere vivacità e profondità al tuo libro, oppure renderlo piatto e poco coinvolgente.

Quello che i tuoi personaggi dicono—o non dicono—è di cruciale importanza.

Un dialogo efficace dovrebbe sempre soddisfare almeno uno di questi scopi:

- Far avanzare la trama
- Definire i personaggi
- Comunicare un messaggio

Sembra semplice, vero? E con un po' di pratica, può esserlo. Tuttavia, molti scrittori alle prime armi cadono in una trappola comune: riempire le pagine con chiacchiere vuote. Ad esempio, se Harald chiede alla sorella che tempo fa, questa battuta non aggiunge nulla alla storia. Evita dialoghi che non portano da nessuna parte. Ogni battuta, per quanto breve, dovrebbe avere un significato più profondo. Un dialogo efficace deve suscitare un impatto emotivo o rivelare qualcosa di significativo. Le chiacchiere banali non hanno posto in un romanzo.

Naturale, ma non troppo realistico

Il dialogo deve sembrare naturale, ma non deve imitare parola per parola la realtà. Nella conversazione quotidiana, le persone spesso divagano o si ripetono, ma un eccesso di realismo nella scrittura può annoiare o irritare il lettore.

Ad esempio:
«Oh mio Dio, viene anche lui alla festa?! Cosa mi metto? OMG, ho assolutamente bisogno di un vestito nuovo! Non posso indossare qualcosa che ha già visto. Oh mio Dio, oh mio Dio, oh mio Dio!»

Anche se questo potrebbe riflettere il modo in cui qualcuno parlerebbe realmente, è estenuante in un romanzo. Dopo il terzo «Oh mio Dio», i lettori potrebbero iniziare a saltare le righe. Cerca un equilibrio: mantieni il dialogo autentico ma conciso. Riserva frasi drammatiche o esclamazioni a momenti di vera tensione emotiva e usa la ripetizione con parsimonia e intenzione.

Aggiungere profondità al dialogo

Un dialogo ben scritto non si limita a trasmettere informazioni. Può rivelare o nascondere motivazioni, accennare a eventi futuri o riflettere conflitti latenti.

- **Motivazione:** Scegli con cura le parole per mostrare cosa spinge un personaggio in una determinata situazione. Cosa gli passa per la testa? Quali desideri o paure nascoste potrebbero influenzare ciò che dice? Evita di essere troppo diretto; affidati a sfumature e sottintesi.
- **Foreshadowing:** Dialoghi intelligenti possono creare anticipazione. Lascia trapelare piccoli indizi su ciò che è in gioco senza rivelare tutto. Questo mantiene viva la curiosità del lettore fino al momento in cui il colpo di scena lo ripagherà.
- **Conflitto:** Il conflitto è il motore della tua storia. Usa i dialoghi per intensificare la tensione, rivelare emozioni nascoste o accennare a dispute non dette. Che si tratti di un thriller o di una storia d'amore, il conflitto nei dialoghi aggiunge spessore e intensità alla narrazione.

Errori comuni nei dialoghi da evitare

Dialoghi rigidi o troppo formali:

Leggi le battute ad alta voce. Se suonano innaturali o forzate, riscrivile. Nella lingua parlata, le persone raramente usano una grammatica impeccabile. Non esitare a inserire slang, abbreviazioni o espressioni idiomatiche per rendere il dialogo più realistico.

- **Rigido:** «Come stai, amico mio?»
- **Naturale:** «Tutto bene, bro?»

Voci omogenee:

Nessuno parla nello stesso modo. Tuttavia, come scrittore, rischi di far sembrare i tuoi personaggi troppo simili tra loro. Immergiti nella personalità di ciascun personaggio e crea schemi linguistici distintivi. Ad esempio, un personaggio potrebbe chiamare gli amici solo per cognome, mentre un altro usa soprannomi. Inoltre, uomini e donne spesso parlano in modi diversi: gli uomini tendono a usare frasi brevi, a imprecare più frequentemente e a evitare discussioni emotive; le donne, invece, possono esprimersi in modo più dettagliato. Dai a ogni personaggio un "marchio" linguistico unico, come una parola o un'espressione che usa abitualmente. Nulla è più monotono di un gruppo di personaggi che parlano tutti allo stesso modo.

Uso eccessivo dei nomi nei dialoghi:

Evita di ripetere continuamente i nomi dei personaggi durante una conversazione.

Esempio:

«Dove sei, Laura?»

«Sto arrivando, Stefan.»

«Sbrigati, Laura.»

Il contesto e le azioni dovrebbero rendere chiaro chi sta parlando. Usa i nomi solo quando necessario per enfatizzare l'emozione o per chiarire il centro della conversazione.

Le azioni definiscono il dialogo

Azioni ben descritte possono eliminare la necessità di tag ripetitivi come «disse» o «rispose». Integrando le azioni nella scena, puoi rendere i dialoghi più fluidi e coinvolgenti.

Esempio:

«Non ci posso credere,» disse lei.

Può essere sostituito con:

Lei sbatté il libro sul tavolo. «Non ci posso credere.»

Evita di scrivere più di tre battute consecutive senza interporre azioni o descrizioni. Questo aiuta il lettore a rimanere immerso nella scena, fornendogli un quadro chiaro di dove si trovano i personaggi, di cosa stanno facendo e di come si sentono.

Formattare i dialoghi

Una corretta formattazione garantisce chiarezza e scorrevolezza. Quando un personaggio parla, il suo dialogo dovrebbe comparire in un paragrafo separato. Anche se il dialogo viene brevemente interrotto da un'azione, mantienilo nello stesso paragrafo. Inizia un nuovo paragrafo ogni volta che un altro personaggio prende la parola. Non combinare mai i dialoghi di due o più personaggi in un unico paragrafo, poiché ciò può creare confusione.

Seguendo queste regole, i tuoi dialoghi non solo risulteranno chiari e dinamici, ma contribuiranno anche a migliorare la fluidità e il coinvolgimento emotivo della tua storia.

Tecniche per vivacizzare le conversazioni dei tuoi personaggi

Sarcasmo

Il sarcasmo è un'arma elegante per colpire qualcuno—ma solo quando si adatta alla personalità del personaggio. Ad esempio, la Regina d'Inghilterra difficilmente si abbasserebbe al sarcasmo, mentre un antagonista astuto potrebbe usarlo con la precisione di una lama.

Esempio:

TONY: Liza e il calcio? Sarebbe come insegnare a un elefante a ballare.

CHLOE: L'elefante ci azzecca.

LIZA (rivolta a Chloe): Una volta ho provato a vomitare dopo mangiato in terza superiore, ma credo che sia più il tuo stile.

Il sarcasmo non è facile da scrivere e non si adatta a tutti i personaggi. È più un tratto innato che un'abilità acquisita. Se il sarcasmo non ti viene naturale, meglio evitarlo: i lettori se ne accorgerebbero e potrebbe risultare forzato.

Prontezza di spirito

Una risposta rapida e arguta può rendere i dialoghi memorabili. Di solito, la prima battuta è forte, ma la replica dovrebbe essere ancora più brillante.

Esempio (da *Una mamma per amica* – telefonata):
LORELAI: Quel vestito è troppo volgare!
MADRE: Non il vestito, ma la donna che lo indossa...
LORELAI: Oh, la linea si è interrotta—la casa sta passando attraverso un tunnel!

Doppio senso

Il doppio senso gioca su battute con significati ambigui o stratificati, spesso arricchendo una frase con giochi di parole o allusioni sottili. È perfetto per scene più leggere o giocose, ma può anche aggiungere un tocco di mistero o umorismo sottile.

Esempio (da *Il silenzio degli innocenti*):
HANNIBAL LECTER: Mi piacerebbe continuare questa conversazione, ma... sto avendo un vecchio amico per cena.

Il doppio senso stimola l'immaginazione e aggiunge spessore al dialogo, creando un'interazione che intriga il lettore e si adatta al tono della scena.

Esagerazione e attenuazione

Usare l'ironia per ingigantire o ridimensionare una situazione può avere un forte impatto narrativo. Frasi come «Houston, abbiamo un problema» sono esempi magistrali di attenuazione che trasmettono un peso significativo con apparente semplicità.

Conflitto

Il conflitto è il cuore pulsante di ogni storia. Senza di esso, una narrazione rischia di trasformarsi in una sequenza monotona di scene "piacevoli" che non mettono alla prova i personaggi né catturano l'attenzione del lettore.

Ma cos'è esattamente il conflitto?

Alla sua essenza, il conflitto nasce quando obiettivi, valori o desideri di individui o gruppi si scontrano, creando tensione e spingendo la storia in avanti. Può essere tanto semplice quanto un personaggio che riflette su una scelta personale o tanto epico quanto una battaglia tra il bene e il male.

Nella narrativa, il conflitto si suddivide principalmente in due categorie:

- **Conflitto interno:** La lotta interiore di un personaggio—il confronto con paure, difetti o dilemmi morali.
- **Conflitto esterno:** Ostacoli che derivano da forze esterne—antagonisti, pressioni sociali o sfide fisiche.

Conflitto interno

Qui risiede l'anima della tua storia. Il conflitto interno consente ai lettori di connettersi profondamente con i personaggi mentre affrontano i loro demoni interiori o crescono emotivamente. Pensa a Ebenezer Scrooge in *Canto di Natale*: il suo viaggio non riguarda la sconfitta di un nemico o il salvataggio del mondo, ma il salvataggio di se stesso. La sua trasformazione da avaro freddo e insensibile a uomo compassionevole è ciò che rende questa storia eterna e commovente.

Conflitto esterno

Il conflitto esterno aggiunge dinamismo e suspense alla narrazione. È ciò che tiene i lettori con il fiato sospeso. Pensa a Harry Potter: il suo percorso è costellato di avventure pericolose, dai duelli con maghi oscuri alla protezione dei suoi amici. Tuttavia, anche se la trama si concentra su queste sfide esterne, è la crescita emotiva di Harry—il suo coraggio, la sua lealtà, la sua resilienza—che rende la storia indimenticabile. I conflitti esterni spesso fungono da catalizzatori per la crescita interiore, aggiungendo profondità sia al personaggio che alla narrazione.

Ogni grande storia segue un arco di conflitto:

1. **Introduzione del conflitto:** I personaggi scoprono cosa è in gioco.
2. **Azione crescente:** La tensione aumenta con ostacoli e battute d'arresto.

3. **Climax:** Lo scontro decisivo, dove tutto è in bilico.
4. **Risoluzione:** I nodi si sciolgono e i personaggi emergono trasformati.

I lettori vivono questo arco attraverso un viaggio emotivo. Devono percepire la tensione crescente, il climax palpitante e il sollievo liberatorio della risoluzione. Senza conflitto, non c'è motivo per il lettore di interessarsi, né una montagna russa emotiva su cui salire.

Se la tua storia manca di conflitto, manca anche di uno scopo. Chiediti: *Cosa è in gioco? Cosa spingerà i lettori a voltare pagina?* Se non riesci a rispondere, è il momento di ripensare la trama.

Trama

Costruire la trama è il momento in cui la tua storia prende forma—un delicato equilibrio tra immaginazione e struttura. Considerala la pianta del tuo romanzo. Che tu sia un pianificatore meticoloso o un esploratore impulsivo, la trama dà direzione alla tua narrazione.

Alcuni scrittori costruiscono la trama come architetti, pianificando ogni dettaglio in anticipo. Altri preferiscono un approccio da esploratori, che si tuffano nella scrittura senza una mappa, scoprendo la storia lungo il percorso. Entrambi i metodi sono validi, e non esiste un "modo giusto" per costruire la trama—solo quello che funziona per te.

Consigli per costruire la trama:

- **Schemi o punti elenco:** Traccia una mappa della tua storia. Annota gli eventi principali o crea riassunti per ogni capitolo per mantenere una visione chiara del tuo racconto.
- **Lascia spazio alla flessibilità:** I personaggi spesso prendono vita propria, portando la trama in direzioni inaspettate. Abbraccia questa evoluzione: è un segno che la tua storia è viva e dinamica.

Ecco un segreto: Non importa quanto attentamente pianifichi, la tua storia cambierà!

I personaggi potrebbero comportarsi in modi inaspettati. Un sottotema secondario potrebbe diventare un punto di svolta cruciale. Questa imprevedibilità non è un fallimento—è magia.

Immagina di aver progettato una storia su un protagonista timido che trova l'amore. Scrivendo, ti accorgi che il suo percorso non parla di romanticismo, ma di autoscoperta. Segui quell'istinto: spesso porta a storie più ricche e autentiche.

Se ti blocchi, torna alla trama.

Il conflitto è abbastanza forte? La posta in gioco è reale? A volte, basta aggiustare la trama per ritrovare ispirazione.

Ricorda, il risultato finale non deve corrispondere perfettamente al piano iniziale. Alcune delle migliori storie hanno sorpreso persino i loro autori. Fidati del processo e lascia che la tua storia ti mostri dove vuole andare.

Prologo ed Epilogo

Una delle domande più frequenti nei miei workshop è: *"Dovrei includere un prologo o un epilogo? I lettori se li aspettano?"*

Iniziamo dal prologo.

Il prologo può essere utile quando i lettori hanno bisogno di informazioni fondamentali per comprendere la storia, soprattutto se riguardano eventi del passato dei personaggi che non si integrano in modo naturale nella narrazione principale. Introdurre queste informazioni attraverso il prologo evita di interrompere il ritmo del racconto più avanti.

Perché non usare i flashback?

Sebbene i flashback possano essere efficaci, hanno un limite significativo: interrompono la continuità della storia. Immagina di aver immerso i lettori completamente negli eventi presenti. Un flashback improvviso li costringe a riadattarsi a un'altra linea temporale, spezzando il loro coinvolgimento. Quando poi tornano al presente, il distacco si ripete.

Questo effetto diventa ancora più problematico se i flashback sono frequenti, frammentando ulteriormente la narrazione. Un prologo ben scritto, invece, permette di presentare gli eventi passati rilevanti in modo compatto, senza compromettere la fluidità della storia.

Come scrivere un prologo efficace

- **Rilevanza:** Includi solo eventi che sono davvero essenziali per la comprensione della storia. Evita dettagli inutili che potrebbero appesantire la lettura.

- **Un finale con un gancio:** Concludi il prologo con una nota di suspense o un momento intrigante. Questo manterrà viva la curiosità del lettore e preparerà il terreno per una futura connessione con la trama principale.
- **Non rivelare tutto:** Lascia alcune domande aperte, riservando le risposte per il racconto principale.
- **Lunghezza adeguata:** Mantieni il prologo tra 2 e 10 pagine, più breve o uguale ai tuoi capitoli regolari.
- **Attenzione ai dettagli:** Scrivilo con la stessa cura che dedichi al resto del romanzo. I personaggi dovrebbero essere vivi e autentici, e gli eventi andrebbero mostrati, non solo raccontati.

Epilogo: un extra che i lettori apprezzeranno

Come autrice di romanzi rosa, ho imparato che l'epilogo è spesso percepito dai lettori come un regalo. Non è obbligatorio, ma offre una meravigliosa opportunità per concludere la storia con grazia e soddisfazione.

Dopo giorni o settimane trascorsi a ridere, piangere e sperare insieme ai tuoi personaggi, i lettori potrebbero non essere pronti a dirgli addio. L'epilogo li accompagna in un'uscita più dolce, come il delicato sfumare di una melodia, regalando loro un ultimo momento con i protagonisti che hanno imparato ad amare. È il tocco finale, la ciliegina sulla torta: la storia potrebbe essere completa anche senza, ma con l'epilogo diventa ancora più memorabile.

Perché includere un epilogo?

- **Chiusura:** Può servire per risolvere fili narrativi rimasti in sospeso o rispondere a domande che il lettore potrebbe avere.
- **Uno sguardo al futuro:** Mostra cosa accade ai personaggi dopo la fine della storia. Vivono per sempre felici e contenti? Raggiungono i loro sogni?
- **Un dono per il lettore:** È un modo per premiare chi ha investito tempo ed emozioni nella tua storia, offrendo un finale soddisfacente e completo.

A differenza del prologo, la lunghezza dell'epilogo è più flessibile: può essere breve quanto una pagina o estendersi fino a un intero capitolo. Alcuni autori lo usano anche per gettare le basi di un sequel o introdurre futuri sviluppi, ma questo dipende dal genere e dallo stile del racconto.

Quando usare il prologo e l'epilogo?

Prologo ed epilogo non sono obblighi, ma strumenti. Usali solo se migliorano la tua storia. Un prologo può aggiungere chiarezza o creare intrigo, mentre un epilogo può offrire chiusura o gioia. Tuttavia, se risultano forzati o superflui, è meglio evitarli.

Ricorda: il tuo obiettivo finale è regalare ai lettori un'esperienza indimenticabile, qualcosa che lascerà un segno anche dopo aver chiuso il libro.

Ordine dei capitoli

Come affrontare la scrittura di un libro? Dovresti scrivere ogni capitolo in ordine, seguendo la sequenza della versione finale, o puoi saltare avanti, scrivendo prima i capitoli successivi per poi inserirli al loro posto?

Ecco il mio consiglio chiaro e deciso: Segui l'ordine!

I tuoi personaggi—e la tua storia—si evolveranno in modo naturale man mano che il conflitto si sviluppa. Il personaggio che troviamo nel Capitolo 17 sarà molto diverso da quello che incontriamo nel Capitolo 3. Le sue emozioni, i suoi pensieri e persino le sue motivazioni più profonde cambieranno grazie alle sfide affrontate e al percorso di crescita compiuto. Questa evoluzione non influenza solo i personaggi, ma anche il tono, il ritmo e l'energia complessiva della narrazione.

Perché scrivere fuori ordine può creare problemi

All'inizio, saltare avanti potrebbe sembrare una buona idea. Ti colpisce un'ispirazione improvvisa per una scena del Capitolo 17 e decidi di scriverla subito. Le azioni e le emozioni dei personaggi ti sembrano perfettamente coerenti, e le parole fluiscono senza sforzo. Pensi: *Questo è oro puro— lo inserirò più tardi.*

Ma quando arrivi a scrivere i capitoli dal 13 al 16, potresti accorgerti di un problema: quel capitolo "perfetto" non si adatta più.

Perché?

Evoluzione dei personaggi: Una volta arrivato al Capitolo 17, i tuoi personaggi avranno vissuto esperienze e trasformazioni che non potevi prevedere saltando avanti. Le loro emozioni, decisioni e prospettive potrebbero non allinearsi più con ciò che avevi scritto inizialmente.

Dettagli sottili: Durante la scrittura dei capitoli precedenti, avrai aggiunto sfumature—piccoli dettagli, sottotrame o dinamiche emotive—che non esistevano quando hai scritto il capitolo successivo. Questi elementi mancanti possono creare incongruenze logiche o di tono difficili da correggere.

Interruzione del flusso narrativo: La transizione tra il Capitolo 16 e il Capitolo 17 già scritto potrebbe risultare brusca. Anche con revisioni approfondite, il capitolo pre-scritto potrebbe non avere la fluidità necessaria per mantenere il lettore immerso nella storia.

Quello che inizialmente sembrava un risparmio di tempo si trasforma in un ostacolo, alterando il ritmo e riducendo l'impatto emotivo del tuo libro.

Un approccio migliore

Per risparmiarti tempo e frustrazione, resisti alla tentazione di scrivere i capitoli fuori ordine. Invece, prendi appunti dettagliati sulle idee che desideri sviluppare più avanti:

- **Dialoghi:** Se hai in mente una conversazione specifica, annotala in un documento separato.
- **Scene o concetti:** Schizza l'azione generale, le emozioni e i temi che vuoi esplorare, lasciando spazio per eventuali adattamenti man mano che la storia evolve.
- **Personaggi:** Descrivi come immagini che i personaggi si sentiranno o agiranno in quel momento, ma mantieni la flessibilità: i capitoli futuri potrebbero sorprenderti.

In questo modo, puoi conservare la tua ispirazione senza vincolarti a una versione degli eventi che potrebbe non adattarsi più alla narrazione.

I vantaggi di scrivere in ordine cronologico

Scrivendo i capitoli in sequenza, rimani in sintonia con il flusso emotivo e narrativo del libro. Ogni capitolo scorre naturalmente dal precedente, mantenendo coerenza nel tono, nel ritmo e nello sviluppo dei personaggi. Quando finalmente arrivi al Capitolo 17, potrai incorporare gli elementi dei tuoi appunti in modo organico, adattandoli al mood e all'energia della storia in quel momento.

Sì, questo approccio potrebbe sembrare più lento inizialmente, ma ti risparmia il lavoro faticoso di dover modificare scene già scritte, riscrivere intere sezioni o recuperare il flusso narrativo che i lettori cercano.

Scrivere un romanzo è come un viaggio: non puoi saltare direttamente alla destinazione senza percorrere prima il sentiero che ti porta lì. Ogni passo conta, ogni capitolo costruisce quello successivo, creando un'esperienza coesa e memorabile per il lettore.

FORMATTAZIONE

Come formattare il tuo libro? Ci sono due formati principali da considerare:

- **Formato di lavoro:** Utilizzato durante la fase di scrittura per mantenere il manoscritto chiaro, organizzato e facile da modificare.
- **Formato di pubblicazione:** Preparato quando il libro è pronto per essere caricato su Amazon o altre piattaforme di vendita.

Ecco una guida dettagliata per ciascun formato.

Formato di lavoro

Durante la scrittura, leggibilità e chiarezza sono le tue priorità. Segui queste impostazioni per il manoscritto:

- **Allineamento del testo:** Giustificato (a filo sia a sinistra che a destra).
- **Rientro dei paragrafi:** Prima riga di ogni paragrafo rientrata di 1,25 cm.
- **Carattere:** Times New Roman.
- **Dimensione del carattere:** 12 punti.
- **Interlinea:** Doppia.
- **Numeri di pagina:** Posizionati in basso su ogni pagina.
- **Titoli di capitolo:** Usa lo stile "Titolo 1" di Word e personalizzalo tramite l'opzione "Modifica" nel menu Stili. Questo semplificherà la generazione di un indice in un secondo momento.

Perché utilizzare l'interlinea doppia?

L'interlinea doppia facilita la lettura, rende gli errori più evidenti e semplifica la localizzazione di passaggi specifici durante l'editing.

Paragrafi brevi: Mantieni i paragrafi tra 2 e 5 frasi. Paragrafi troppo lunghi possono appesantire la lettura; una divisione ben calibrata favorisce il ritmo e tiene il lettore coinvolto. Considera le interruzioni come una pausa naturale o un respiro nella narrazione.

Formato di pubblicazione

Quando il manoscritto è completo e revisionato, è necessario apportare alcune modifiche per prepararlo alla pubblicazione:

- **Interlinea:** Passa dall'interlinea doppia a quella singola.
- **Apertura dei capitoli:** Rimuovi il rientro dalla prima riga di ogni capitolo. Solo la

prima riga deve essere allineata a sinistra; tutte le altre mantengono il rientro standard.

- **Elementi preliminari e finali:**

Elementi preliminari:

- Pagina del titolo: Include titolo del libro e nome dell'autore.
- Pagina del copyright: Contiene dettagli di pubblicazione e note legali.
- Indice: Generato con lo strumento di Word.

Elementi finali:

- Anteprima del prossimo libro (facoltativo).
- Elenco delle tue altre opere.
- Breve biografia dell'autore.

Rifiniture finali

Prima di caricare il tuo manoscritto, esegui questi passaggi per eliminare eventuali errori di formattazione.

Passaggio 1: Rimuovere gli spazi doppi

1. Apri lo strumento “Trova e sostituisci” di Word.
2. Nel campo “Trova”, inserisci due spazi.
3. Nel campo “Sostituisci”, inserisci uno spazio.
4. Clicca su “Sostituisci tutto” e ripeti fino a quando Word segnala 0 modifiche.

Passaggio 2: Rimuovere gli spazi dopo i segni di paragrafo

1. Apri nuovamente “Trova e sostituisci”.
2. Nel campo “Trova”, inserisci: ^p
3. (Questo cerca un segno di paragrafo seguito da uno spazio.)
4. Nel campo “Sostituisci”, inserisci: ^p
5. (Questo elimina lo spazio dopo il segno di paragrafo.)
6. Clicca su “Sostituisci tutto” e ripeti fino a quando Word segnala 0 modifiche.

Passaggio 3: Rimuovere gli spazi prima dei segni di paragrafo

1. Apri ancora una volta "Trova e sostituisci".
2. Nel campo "Trova", inserisci: ^p
3. (Questo cerca uno spazio seguito da un segno di paragrafo.)
4. Nel campo "Sostituisci", inserisci: ^p
5. (Questo elimina lo spazio prima del segno di paragrafo.)
6. Clicca su "Sostituisci tutto" e ripeti fino a quando Word segnala 0 modifiche.

Il tuo manoscritto è pronto!

Una volta formattato correttamente e accuratamente revisionato, il tuo libro è pronto per essere caricato. Sia che tu stia pubblicando su Amazon o su un'altra piattaforma, questi passaggi garantiranno un prodotto dall'aspetto professionale che soddisfa gli standard del settore.

QUARTA DI COPERTINA

Per molti autori, scrivere una quarta di copertina può sembrare un'impresa scoraggiante—ma non deve esserlo. Considerala una sfida entusiasmante: un'opportunità per distillare la tua storia in poche righe accattivanti, capaci di catturare l'attenzione dei lettori e invogliarli a scoprire di più.

Una quarta di copertina efficace riassume brevemente i primi 3–5 capitoli del tuo libro e si chiude con un gancio irresistibile: una frase finale che crea suspense e lascia il lettore con il desiderio di tuffarsi nella tua storia.

Gli elementi chiave di una quarta di copertina

Una quarta di copertina dovrebbe contenere:

- **I protagonisti:** Nome ed età, per consentire ai lettori di connettersi subito con i personaggi principali.
- **Il tema:** Qual è l'idea centrale o il cuore emotivo della tua storia?
- **Un colpo di scena:** Un accenno a un evento o a una sfida significativa che sconvolge l'equilibrio iniziale.
- **Il gancio:** Una frase finale incisiva e memorabile che stuzzica la curiosità e spinge i lettori ad aprire il libro.

Cos'è (e cosa non è) una quarta di copertina:

Una quarta di copertina non è un riassunto completo del tuo libro. È un assaggio, una piccola finestra sul mondo che hai creato, progettata per intrigare i lettori e invitarli a scoprire i primi capitoli.

Tienila breve e incisiva:

Più la tua quarta di copertina è concisa, meglio sarà. I lettori che sfogliano decine di libri non hanno il tempo di leggere descrizioni lunghe. Una quarta di copertina potente, composta da quattro o cinque frasi ben calibrate, può catturare immediatamente l'attenzione e lasciare un'impressione duratura.

Consigli per una quarta di copertina efficace

- **Rispecchia il tono del libro:** Se la tua storia è leggera e vivace, lascia che il linguaggio della quarta di copertina ne rifletta il carattere. Se invece è oscura e ricca di suspense, utilizza un tono che evochi la giusta atmosfera.
- **Rendi il testo fluido:** La tua quarta di copertina deve essere scorrevole e

coinvolgente, evitando l'effetto "lista della spesa."

- **Costruisci tensione:** Usa un linguaggio specifico per il tuo genere, scegliendo parole che accendano l'entusiasmo e lascino il lettore desideroso di scoprire di più.

Il gancio: il tuo asso nella manica

Il gancio è l'elemento più importante della quarta di copertina. È ciò che rimane impresso nella mente del lettore e lo spinge a cliccare su "acquista" o a sfogliare le pagine successive.
Un errore comune è concludere con domande prevedibili o scontate.

Esempio di gancio debole:

«Riuscirà Laura a superare le sue paure e trovare l'amore?»

Problema: La risposta è quasi sempre ovvia. I lettori non hanno bisogno di leggere il libro per immaginarla.

Per un gancio davvero efficace, utilizza domande aperte come "Come," "Chi" o "Cosa." Oppure crea un'affermazione forte, provocatoria e impossibile da ignorare, che lasci il lettore con il desiderio di saperne di più.

Esempi di ganci efficaci

Una domanda intrigante:
«Come affronterà Laura il segreto che rischia di distruggere il suo mondo appena ricostruito?»

Un'affermazione che suscita emozione:
«Pensava di essere al sicuro, finché colui di cui si fidava di più non è diventato il suo peggior incubo.»

La tua stretta di mano con i lettori

Scrivere una quarta di copertina accattivante richiede pratica, ma non lasciarti intimidire. Concentrati su creare una mini-storia che catturi l'interesse dei lettori e offra solo quanto basta per incuriosirli. Tienila breve, costruisci suspense e lascia emergere il tono unico della tua narrazione.

Ricorda: la quarta di copertina è la prima stretta di mano tra la tua storia e i tuoi lettori. Rendila decisa, memorabile e impossibile da ignorare.

Critica letteraria

Per quanto le opinioni di amici e familiari possano essere preziose, non sono i critici ideali per il tuo lavoro. Il loro affetto nei tuoi confronti spesso impedisce loro di offrire un feedback completamente onesto. È molto meglio cercare il parere di scrittori professionisti—persone che conoscono i meccanismi della scrittura e sanno cosa osservare in un manoscritto.

La critica segue delle regole

Scrivere è un'arte, ma anche un mestiere, e come in ogni professione, ci sono regole che devono essere apprese. Il talento è un punto di partenza importante, ma da solo non basta.

Ricevere la tua prima critica professionale può essere un'esperienza intensa. Preparati allo shock, e magari a qualche lacrima—fa tutto parte del percorso. Una critica approfondita rivelerà spesso che il tuo manoscritto ha bisogno di lavoro: revisioni profonde, a volte persino più cicli, prima che sia pronto per la pubblicazione.

Come affrontare una critica:

- **Leggi con attenzione:** Analizza il feedback riga per riga.
- **Prenditi una pausa:** Distaccati per alcune ore o giorni. Questo ti permetterà di metabolizzare l'impatto emotivo prima di tornare al testo con mente lucida.
- **Ritorna con occhi freschi:** Quando lo shock iniziale sarà passato, rileggi la critica con calma e inizia a esaminare i suggerimenti in modo analitico.

Ricorda: La critica non è mai personale. Riguarda il tuo lavoro, non te. La maggior parte delle osservazioni si concentra su tecnica e struttura narrativa, con l'obiettivo di aiutarti a migliorare.

Un feedback severo è un dono

Le critiche possono sembrare dure, ed è normale che accada. Se qualcuno evidenzia un problema ricorrente, lo fa per aiutarti a crescere come scrittore. Concediti il tempo necessario per valutare ogni suggerimento, ma ricorda sempre: **sei tu il padrone del tuo libro.**

Non sei obbligato ad accettare ogni consiglio. Se qualcosa non ti convince o non si adatta alla tua visione, fidati del tuo istinto. La tua scrittura deve rimanere autentica e fedele alla tua voce. Pensa alle critiche come a una cassetta degli attrezzi: scegli gli strumenti che ti servono per migliorare il tuo lavoro, senza sentirti costretto a riscriverlo nello stile di qualcun altro.

Il partner di critica ideale

Un buon partner di critica dovrebbe:

- Essere uno scrittore, preferibilmente dello stesso genere.
- Avere competenze pari alle tue—o superiori.
- Rispetto per la tua voce e il tuo stile.
- Mettere la professionalità al primo posto, prima dell'amicizia.

Come trovare un partner di critica:

- Partecipa a gruppi di autori su Facebook o altre comunità online dedicate alla scrittura.
- Crea il tuo gruppo di critica e scambia capitoli per ricevere feedback.
- Fai una prova scambiando uno o due capitoli per verificare la compatibilità.

Trovare il partner di critica perfetto è come trovare il partner ideale nella vita: richiede tempo, pazienza e un po' di fiducia. Ma quando trovi qualcuno che ti sfida in modo costruttivo e ti aiuta a crescere, il loro contributo diventa inestimabile.

Perché hai bisogno di un partner di critica

Anche gli scrittori più esperti traggono beneficio da un punto di vista esterno. Come creatore della tua storia, la conosci troppo bene per notare lacune o incoerenze. Un partner di critica ti offre una prospettiva nuova, aiutandoti a individuare cosa funziona e cosa no.

I partner di critica non richiedono altro che il tuo tempo, ma i loro benefici sono incalcolabili. Inoltre, saranno lì a celebrare i tuoi successi—e un po' di incoraggiamento può fare miracoli per l'anima di uno scrittore.

Blocco dello scrittore

Capita a tutti.

Il blocco dello scrittore può colpire in qualsiasi momento e non esiste una soluzione universale. La chiave è capire cosa lo ha scatenato e trovare il modo di superarlo.

Lascia andare la pressione!

Spesso il blocco deriva da stress o da una pressione autoimposta. Quando succede, allontanati dal tuo manoscritto e concentrati su qualcosa di completamente diverso. Ecco alcune idee:

- Fai shopping.
- Riorganizza il tuo spazio di scrittura.
- Pulisci casa.
- Trascorri del tempo con gli amici.
- Dedica del tempo al marketing di un altro libro.

L'obiettivo è staccare la mente. Scrivere sotto tensione difficilmente porterà ai tuoi migliori risultati.

Fidati del processo!

Scrivere è una parte essenziale di ciò che sei. Se è nel tuo DNA, tornerà a fluire quando sarà il momento giusto. Nel frattempo, goditi il presente e concediti una pausa.

Ricorda: il blocco dello scrittore non è la fine della tua creatività—è solo un momento di pausa. Concediti il tempo per ricaricarti e tornerai a scrivere quando l'ispirazione busserà di nuovo alla tua porta.

Revisione

Quando il tuo manoscritto è pronto per essere perfezionato, due servizi essenziali entrano in gioco: **editing** e **correzione di bozze.**

Editing

Se sei alle prime armi e non hai un partner di critica esperto (un altro autore che ti aiuta a perfezionare il manoscritto durante il processo di scrittura), assumere un editor professionista è fondamentale. Un editor analizza il tuo manoscritto per:

- **Problemi di trama:** Identifica incongruenze o problemi di ritmo.
- **Stile:** Ottimizza il flusso e il tono.
- **Dialoghi:** Assicura che siano naturali e coerenti con i personaggi.
- **Show vs. Tell:** Evidenzia dove puoi sostituire spiegazioni piatte con descrizioni vivide e coinvolgenti.

L'editing è un processo approfondito e trasformativo, che affronta i meccanismi più profondi della narrazione. Anche se il costo può variare tra 3,50 e 6,50 euro a pagina standard, è un investimento imprescindibile se desideri diventare un autore professionista. Un manoscritto mal editato può danneggiare la tua reputazione, soprattutto se sei un autopubblicato, dove la prima impressione è cruciale.

Correzione di bozze

La correzione di bozze si concentra esclusivamente sull'eliminazione di errori di ortografia, grammatica e punteggiatura. È generalmente più economica rispetto all'editing, con prezzi che variano tra 2,50 e 4,50 euro a pagina standard. L'intelligenza artificiale può essere utile in questo processo, ma una revisione umana resta essenziale per garantire la qualità.

Come scegliere un editor o un correttore di bozze:

- **Negozia, ma non sacrificare la qualità:** È lecito chiedere uno sconto, ma non fare del prezzo il tuo unico criterio di scelta.
- **Controlla le qualifiche:** Assicurati che l'editor o il correttore abbia una formazione adeguata (ad esempio, una laurea in lingue, letteratura o linguistica).

- **Richiedi campioni:** Chiedi di ricevere 3–5 pagine standard modificate per valutare le loro competenze. Invia materiale grezzo per osservare il loro approccio.
- **Confronta i campioni:** Valuta i campioni ricevuti e scegli l'editor che meglio si adatta al tuo stile e alle tue esigenze. Fidati del tuo istinto, non solo del prezzo.
- **Non dimenticare la quarta di copertina:** È tanto importante quanto il manoscritto. Assicurati che riceva lo stesso livello di attenzione professionale.

LETTERA DI PRESENTAZIONE

La lettera di presentazione è l'arte di proporre il tuo manoscritto a un editore o un'agenzia letteraria. È la tua occasione per fare una prima impressione memorabile, quindi ogni dettaglio conta.

Come scrivere una lettera di presentazione efficace:

Saluto personalizzato: Rivolgiti al destinatario per nome.

Introduzione mirata: Spiega perché hai scelto di proporre il tuo manoscritto a quel particolare editore o agenzia. Menziona ciò che ammiri del loro lavoro, degli autori che rappresentano o della loro visione editoriale.

Tono professionale: Mantieni il testo curato e rispettoso. Va bene mostrare un po' della tua personalità, ma evita toni eccessivamente informali.

Sintesi breve: Riassumi il tuo libro in una o due frasi. Lascia i dettagli alla sinossi.

Trasparenza: Se stai proponendo il manoscritto a più agenzie, è accettabile menzionarlo. Tuttavia, evita di fare riferimento a eventuali rifiuti ricevuti in precedenza.

Correzione prima dell'invio: Errori nella lettera possono compromettere anche la migliore delle presentazioni. Assicurati che sia impeccabile.

Tieni traccia delle proposte: Registra dove e quando hai inviato la lettera di presentazione per evitare duplicazioni.

Evita i reinvii: Una volta inviata, resisti alla tentazione di modificarla o rispedirla. Cambiare idea dopo l'invio potrebbe apparire poco professionale.

Il tempismo è tutto!

Evita di inviare la tua lettera di presentazione subito dopo eventi di settore importanti, come la Fiera del Libro di Lipsia o di Francoforte, o durante le festività. In questi periodi, agenti ed editori sono spesso sopraffatti dal lavoro, riducendo la probabilità di ricevere una risposta attenta.

Pseudonimo

Un pseudonimo è un nome d'autore alternativo che puoi utilizzare se preferisci non pubblicare le tue opere con il tuo vero nome.

Dovresti usare un pseudonimo?

La scelta di adottare un pseudonimo dipende interamente dalle tue preferenze personali e dalle circostanze.

- **Usa il tuo vero nome:** Se sei orgoglioso del tuo nome e desideri associare apertamente la tua identità al tuo lavoro, non hai bisogno di un pseudonimo.

- **Scegli un pseudonimo:** Se scrivi in un genere come l'erotico o in una nicchia che ti mette a disagio essere associato pubblicamente, un pseudonimo può offrirti riservatezza e tranquillità.

Puoi anche scegliere un pseudonimo semplicemente perché ti piace l'idea o senti che meglio rappresenta la tua identità creativa. Qualunque sia la tua motivazione, ci sono alcuni aspetti importanti da considerare nella scelta di un nome d'arte.

Come scegliere il pseudonimo giusto

Scegli un nome che ti rappresenti:

Opta per un pseudonimo che senti autentico, qualcosa con cui potrai identificarti a lungo termine. Più il nome è vicino a chi sei o a qualcosa di significativo per te, più sarà facile accettarlo come parte della tua identità. Fai attenzione: i nomi che inizialmente sembrano affascinanti potrebbero perdere il loro appeal con l'uso ripetuto. Prenditi il tempo necessario per decidere.

Metti il tuo pseudonimo alla prova:

Prima di impegnarti, crea una copertina fittizia usando il nome scelto. Usa un'immagine semplice, come se fosse una vera copertina di libro, e inserisci il pseudonimo in evidenza con lettere maiuscole. Osserva questa copertina per alcune settimane: se il nome continua a piacerti e a risuonare con te, è una buona scelta. In caso contrario, prova un altro nome e ripeti il processo.

Un pseudonimo non è solo un nome: diventa una parte della tua identità di autore. Che tu lo scelga per privacy, branding o espressione creativa, prenditi il tempo di scegliere con cura.

Social Media

Per un autore, tre strumenti legati ai social media sono fondamentali per costruire il proprio brand e connettersi con i lettori:

- **Il sito web**
- **Il blog**
- **I profili social**

Ognuno ha un ruolo specifico e, se utilizzati con efficacia, possono aiutarti a far crescere il tuo pubblico e rafforzare la tua presenza come autore.

1. Il sito web

Il tuo sito web è la tua base operativa: uno spazio professionale e stabile dove i lettori possono trovare informazioni essenziali su di te e sui tuoi libri. Al minimo, il tuo sito dovrebbe rispondere a queste domande:

- **Chi sei?** Condividi una breve biografia interessante e accattivante.
- **Quali libri hai scritto?** Includi un elenco completo con link per l'acquisto.
- **Come possono contattarti i lettori?** Fornisci un modulo di contatto o un indirizzo email.

Una volta coperti questi aspetti fondamentali, valuta di aggiungere:

- **Pagina FAQ:** Rispondi alle domande più frequenti sul tuo processo di scrittura o sui tuoi libri.

- **Materiale extra:** Offri contenuti esclusivi come scene eliminate, retroscena sui personaggi o anteprime delle prossime uscite.
- **Pagina Novità/Aggiornamenti:** Annuncia nuove pubblicazioni o eventi imminenti.
- **Integrazione del blog:** Se hai un blog, includilo nel sito per rendere tutto più fluido.

Rendi il sito accattivante: Progetta il sito in uno stile che rifletta i tuoi libri e il tuo brand. Evita testi riempitivi o pagine superflue: ogni sezione deve avere uno scopo preciso.

Consiglio professionale: Evita URL gratuiti che includano il nome del provider (es. alicebuttercup.wordpress.com). Per un aspetto più professionale, investi in un dominio personalizzato. La maggior parte dei provider offre pacchetti da 30 a 50 euro all'anno per eliminare il branding dal tuo URL—un piccolo investimento che fa una grande differenza.

2. Il blog

Un blog ti offre una piattaforma dinamica per dialogare con i lettori e condividere aggiornamenti in tempo reale. Alcuni provider di siti web, come WordPress, includono funzionalità di blogging; se il tuo non lo fa, valuta di creare un blog separato su piattaforme come Blogspot e collegalo al tuo sito.

Cosa pubblicare sul blog:

- Condividi i tuoi pensieri e riflessioni.
- Annuncia nuovi progetti, pubblicazioni o eventi.
- Genera attesa per i tuoi libri con anteprime delle copertine, descrizioni o teaser.

Frequenza dei post:

Cerca di pubblicare un nuovo post ogni 2–4 settimane, ma non sentirti obbligato. La qualità è più importante della quantità.
Se un post particolarmente interessante rimane visibile per più tempo, va bene: mantiene i lettori coinvolti.

Ricorda: Un blog è uno strumento, non un obbligo. Pubblica solo quando hai qualcosa di significativo da condividere.

3. Facebook, Instagram e TikTok

Le piattaforme social rappresentano il tuo contatto diretto con i lettori. Usale per coinvolgere il pubblico, costruire relazioni e far crescere la tua comunità.

Facebook:

- Crea una pagina ufficiale da autore separata dal tuo profilo privato. Questa pagina sarà pubblica e rappresenterà la tua immagine professionale.
- Condividi aggiornamenti, partecipa a discussioni e organizza concorsi o giveaway.
- Mantieni sempre un tono amichevole e positivo. Evita polemiche personali, dibattiti politici o interazioni negative. Se ricevi commenti offensivi, eliminali senza rispondere.

Instagram e TikTok:

Queste piattaforme, basate sull'aspetto visivo, sono ideali per mostrare la tua creatività. Condividi:

- Immagini curate dei tuoi libri o del tuo spazio di scrittura.

- Scorci dietro le quinte del tuo processo creativo.
- Brevi video divertenti o emozionanti per promuovere il tuo lavoro.

Consigli per coinvolgere il pubblico:

- Stimola le conversazioni ponendo domande o organizzando concorsi.
- Offri varietà nei giveaway: non limitarti a copie firmate dei tuoi libri, ma aggiungi gadget a tema o dettagli personalizzati.
- Mantieni le regole semplici, soprattutto per i nuovi lettori. Evita di richiedere l'acquisto del tuo libro per partecipare e proponi attività facili e divertenti per coinvolgerli.

Rileggi prima di pubblicare: Gli errori possono compromettere la tua immagine professionale. Controlla ogni post attentamente prima di condividerlo. Se noti un errore in seguito, utilizza la funzione di modifica per correggerlo.

Non lasciare che i social media divorino il tuo tempo di scrittura.
Sebbene più piattaforme offrano maggiore visibilità, gestirne troppe può esaurire la tua energia creativa. Punta sulla qualità, non sulla quantità.

La verità sui "like"

È facile fissarsi sul numero di like o follower, ma questi dati non definiscono il tuo successo. Anziché inseguire i numeri, concentrati sulla creazione di contenuti significativi per il tuo pubblico.

Non comprare follower: Acquistare follower mina la tua credibilità. I lettori si accorgeranno se hai migliaia di follower ma poco coinvolgimento reale. L'autenticità è molto più preziosa.

I social media sono uno strumento potente per connetterti con i lettori e costruire il tuo brand.

Con un sito web professionale, un blog interessante e una presenza attiva su piattaforme come Facebook, Instagram e TikTok, puoi far crescere il tuo pubblico senza perdere la tua voce creativa.

L'equilibrio è tutto: Usa questi strumenti per potenziare la tua carriera di scrittore, senza lasciarti distrarre dal tuo vero obiettivo: scrivere.

Backup

Perdere mesi di lavoro a causa di un guasto al computer, un furto o un disastro imprevisto come un incendio è l'incubo di ogni autore. Per proteggerti da questa possibilità, è essenziale eseguire il backup dei tuoi file in più posizioni—idealmente due o tre.

Ecco una strategia efficace per il backup

- **Backup sul tuo PC:** Conserva tutti i file in una cartella dedicata sul tuo computer.
- **Disco rigido esterno:** Copia regolarmente i tuoi file su un disco rigido esterno per maggiore sicurezza.

- **Backup remoto:** Una volta all'anno, trasferisco i miei file su un disco rigido esterno che lascio a casa di mia madre, a 300 km di distanza. Questo garantisce una copia sicura anche in caso di problemi alla mia attrezzatura domestica.

Questo semplice sistema può evitarti un enorme stress in caso di emergenza.

Consiglio professionale: Se devi condividere il tuo manoscritto—che si tratti del libro completo, di un capitolo o di materiali aggiuntivi—usa sempre l'email invece delle app di messaggistica. Le piattaforme di messaggistica non sono sicure per questo scopo e possono comportare perdita di dati o accessi non autorizzati.

Buona fortuna!

Ecco fatto! Spero che questi consigli e suggerimenti ti siano utili mentre intraprendi il tuo percorso di scrittura. Con pazienza e pratica, scoprirai che il processo non è così intimidatorio come sembra.

Soprattutto, non mollare mai. Mantieni il tuo obiettivo a mente e avanza un passo alla volta.

Ora ti auguro tanto divertimento, creatività e successo mentre scrivi il tuo primo bestseller!

Gli altri libri di Anna Katmore

GHIACCIO SOTTILE

Lucciole d'inverno

Ricordi spezzati

*

Diciassette farfalle

SWEET KISSES

Gioca con me

Gioco senza regole

Una catastrofe al sapore di ciliegia

Una doppia tentazione

La dolce arte di sedurre Sue

THE PINK BOOKS

La scommessa impossibile

Dove ci siamo persi

RAFFAEL & SEBASTIAN

Un amore inaspettato

Un cuore in pericolo

Una notte per cambiare

UN VIAGGIO MAGICO

Innamorarsi a Neverland

La vendetta di Pan

GRIMM ERA UN BASTARDO

Un principe per Cappuccetto Rosso

Un lupo sulla sua strada

*

Sei sempre stato tu

Il mio vampiro segreto

Tre Sfumature di Peccato

ELOYN

L'Autrice

«Scrivo storie perché senza
non riuscirei a respirare.»

Anna Katmore vive in un mondo incantato tutto suo, in cui lascia passare soltanto coloro che sono pronti a riconsiderare la logica e la razionalità. Ma attenzione, se oserete varcare quella soglia, non vorrete più andar via...

Il suo atteggiamento nei confronti della vita è decisamente Disney e, se potesse, salverebbe il mondo da sé stesso. Il suo Patronus è un lupo, la sua bacchetta il ramoscello spezzato di un melo, lungo 33 centimetri, ma che fa bene il proprio dovere. Sulle sue calzature i lustrini sono d'obbligo, anche se non le piacciono le scarpette di vetro di Cenerentola. Troppo rischioso che si rompano...

Per ulteriori informazioni, potete visitare

www.annakatmore.com

www.ingramcontent.com/pod-product-compliance
Lightning Source LLC
LaVergne TN
LVHW040945150826
845672LV00002B/553

* 9 7 9 8 2 3 0 2 4 0 4 7 1 *